*Das 5. Lehrbuch
aus dem Alten Testament der Bibel*

Das Hohelied der Liebe

Eine Sammlung von Liebesliedern

*Übersetzung nach
Martin Luther 1545*

Bibliografische Information der Deutschen Nationalbibliothek:
Die Deutsche Nationalbibliothek verzeichnet diese Publikation in der Deutschen Nationalbibliografie; detaillierte bibliografische Daten sind im Internet über http://dnb.dnb.de abrufbar.

TWENTYSIX – Der Self-Publishing-Verlag
Eine Kooperation zwischen der Verlagsgruppe Random House und BoD – Books on Demand

Herstellung und Verlag:
BoD – Books on Demand, Norderstedt

ISBN: 978-3-740-76556-9

Übersetzung: **Martin Luther 1545**

Layout, Schriftsatz, Formatierung:
Antonia Katharina Tessnow
www.antonia-katharina.de

1. Kapitel

Innige Liebe des Freundes und der Freundin.

1 Das Hohelied Salomos.

2 Er küsse mich mit dem Kusse seines Mundes; denn deine Liebe ist lieblicher als Wein.

3 Es riechen deine Salben köstlich; dein Name ist eine ausgeschüttete Salbe, darum lieben dich die Jungfrauen.

4 Zieh mich dir nach, so laufen wir. Der König führte mich in seine Kammern. Wir freuen uns und sind fröhlich über dir; wir gedenken an deine Liebe mehr denn an den Wein.

Die Frommen lieben dich.

5 Ich bin schwarz, aber gar lieblich, ihr Töchter Jerusalems, wie die Hütten Kedars, wie die Teppiche Salomos.

6 Seht mich nicht an, daß ich so schwarz bin; denn die Sonne hat mich so verbrannt. Meiner Mutter Kinder zürnen mit mir. Sie haben mich zur Hüterin der Weinberge gesetzt; aber meinen eigenen Weinberg habe ich nicht behütet.

7 Sage mir an, du, den meine Seele liebt, wo du weidest, wo du ruhest im Mittage, daß ich nicht hin und her gehen müsse bei den Herden deiner Gesellen.

8 Weiß du es nicht, du schönste unter den Weibern, so gehe hinaus auf die Fußtapfen der Schafe und weide deine Zicklein bei den Hirtenhäusern.

9 Ich vergleiche dich, meine Freundin, meinem Gespann an den Wagen Pharaos.

10 Deine Backen stehen lieblich in den Kettchen und dein Hals in den

Schnüren.

11 Wir wollen dir goldene Kettchen machen mit silbernen Pünktlein.

12 Da der König sich herwandte, gab meine Narde ihren Geruch.

13 Mein Freund ist mir ein Büschel Myrrhen, das zwischen meinen Brüsten hanget.

14 Mein Freund ist mir eine Traube von Zyperblumen in den Weinbergen zu Engedi.

15 Siehe, meine Freundin, du bist schön; schön bist du, deine Augen sind wie Taubenaugen.

16 Siehe, mein Freund, du bist schön und lieblich. Unser Bett grünt,

17 unserer Häuser Balken sind Zedern, unser Getäfel Zypressen.

2. Kapitel

Sehnsucht der Freundin nach dem Freund.

1 Ich bin eine Blume zu Saron und eine Rose im Tal.

2 Wie eine Rose unter den Dornen, so ist meine Freundin unter den Töchtern.

3 Wie ein Apfelbaum unter den wilden Bäumen, so ist mein Freund unter den Söhnen. Ich sitze unter dem Schatten, des ich begehre, und seine Frucht ist meiner Kehle süß.

4 Er führt mich in den Weinkeller, und die Liebe ist sein Panier über mir.

5 Er erquickt mich mit Blumen und labt mich mit Äpfeln; denn ich bin krank vor Liebe.

6 Seine Linke liegt unter meinem Haupte, und seine Rechte herzt mich.

7 Ich beschwöre euch, ihr Töchter Jerusalems, bei den Rehen oder bei den Hinden auf dem Felde, daß ihr meine Freundin nicht aufweckt noch regt, bis es ihr selbst gefällt.

8 Da ist die Stimme meines Freundes! Siehe, er kommt und hüpft auf den Bergen und springt auf den Hügeln.

9 Mein Freund ist gleich einem Reh oder jungen Hirsch. Siehe, er steht hinter unsrer Wand, sieht durchs Fenster und schaut durchs Gitter.

10 Mein Freund antwortet und spricht zu mir: Stehe auf, meine Freundin, meine Schöne, und komm her!

11 Denn siehe, der Winter ist vergangen, der Regen ist weg und dahin;

12 die Blumen sind hervorgekommen im Lande, der Lenz ist herbeigekommen, und die Turteltaube läßt sich hören in unserm Lande;

13 der Feigenbaum hat Knoten gewonnen, die Weinstöcke haben Blüten gewonnen und geben ihren Geruch. Stehe auf, meine Freundin, und komm, meine Schöne, komm her!

14 Meine Taube in den Felsklüften, in den Steinritzen, zeige mir deine Gestalt, laß mich hören deine Stimme; denn die Stimme ist süß, und deine Gestalt ist lieblich.

15 Fanget uns die Füchse, die kleinen Füchse, die die Weinberge verderben; denn unsere Weinberge haben Blüten gewonnen.

16 Mein Freund ist mein, und ich bin sein, der unter Rosen weidet.

17 Bis der Tag kühl wird und die Schatten weichen, kehre um; werde wie ein Reh, mein Freund, oder wie ein junger Hirsch auf den Scheidebergen.

3. Kapitel

*Treue der Freundin.
Herrlichkeit des Freundes.*

1 Des Nachts auf meinem Lager suchte ich, den meine Seele liebt. Ich suchte; aber ich fand ihn nicht.

2 Ich will aufstehen und in der Stadt umgehen auf den Gassen und Straßen und suchen, den meine Seele liebt. Ich suchte; aber ich fand ihn nicht.

3 Es fanden mich die Wächter, die in der Stadt umgehen: "Habt ihr nicht gesehen, den meine Seele liebt?"

4 Da ich ein wenig an ihnen vorüber war, da fand ich, den meine Seele liebt. Ich halte ihn und will ihn nicht lassen, bis ich ihn bringe in meiner

Mutter Haus, in die Kammer der, die mich geboren hat.

5 Ich beschwöre euch, ihr Töchter Jerusalems, bei den Rehen oder Hinden auf dem Felde, daß ihr meine Freundin nicht aufweckt noch regt, bis es ihr selbst gefällt.

6 Wer ist die, die heraufgeht aus der Wüste wie ein gerader Rauch, wie ein Geräuch von Myrrhe, Weihrauch und allerlei Gewürzstaub des Krämers?

7 Siehe, um das Bett Salomos her stehen sechzig Starke aus den Starken in Israel.

8 Sie halten alle Schwerter und sind geschickt, zu streiten. Ein jeglicher hat sein Schwert an seiner Hüfte um des Schreckens willen in der Nacht.

9 Der König Salomo ließ sich eine Sänfte machen von Holz aus Libanon.

10 Ihre Säulen sind silbern, die Decke golden, der Sitz purpurn, und inwendig ist sie lieblich ausgeziert um der Töchter Jerusalems willen.

11 Gehet heraus und schauet an, ihr

Töchter Zions, den König Salomo in der Krone, damit ihn seine Mutter gekrönt hat am Tage seiner Hochzeit und am Tage der Freude seines Herzens.

4. Kapitel

Vorzüge der Freundin.

1 Siehe, meine Freundin, du bist schön! siehe, schön bist du! Deine Augen sind wie Taubenaugen zwischen deinen Zöpfen. Dein Haar ist wie eine Herde Ziegen, die gelagert sind am Berge Gilead herab.

2 Deine Zähne sind wie eine Herde Schafe mit bechnittener Wolle, die aus der Schwemme kommen, die allzumal Zwillinge haben, und es fehlt keiner unter ihnen.

3 Deine Lippen sind wie eine scharlachfarbene Schnur und deine Rede lieblich. Deine Wangen sind wie der Ritz am Granatapfel zwischen

deinen Zöpfen.

4 Dein Hals ist wie der Turm Davids, mit Brustwehr gebaut, daran tausend Schilde hangen und allerlei Waffen der Starken.

5 Deine zwei Brüste sind wie zwei junge Rehzwillinge, die unter den Rosen weiden.

6 Bis der Tag kühl wird und die Schatten weichen, will ich zum Myrrhenberge gehen und zum Weihrauchhügel.

7 Du bist allerdinge schön, meine Freundin, und ist kein Flecken an dir.

8 Komm mit mir, meine Braut, vom Libanon, komm mit mir vom Libanon, tritt her von der Höhe Amana, von der Höhe Senir und Hermon, von den Wohnungen der Löwen, von den Bergen der Leoparden!

9 Du hast mir das Herz genommen, meine Schwester, liebe Braut, mit deiner Augen einem und mit deiner Halsketten einer.

10 Wie schön ist deine Liebe, meine

Schwester, liebe Braut! Deine Liebe ist lieblicher denn Wein, und der Geruch deiner Salben übertrifft alle Würze.

11 Deine Lippen, meine Braut, sind wie triefender Honigseim; Honig und Milch ist unter deiner Zunge, und deiner Kleider Geruch ist wie der Geruch des Libanon.

12 Meine Schwester, liebe Braut, du bist ein verschlossener Garten, eine verschlossene Quelle, ein versiegelter Born.

13 Deine Gewächse sind wie ein Lustgarten von Granatäpfeln mit edlen Früchten, Zyperblumen mit Narden,

14 Narde und Safran, Kalmus und Zimt, mit allerlei Bäumen des Weihrauchs, Myrrhen und Aloe mit allen besten Würzen.

15 Ein Gartenbrunnen bist du, ein Born lebendiger Wasser, die vom Libanon fließen.

16 Stehe auf, Nordwind, und komm, Südwind, und wehe durch meinen Garten, daß seine Würzen triefen!

Mein Freund komme in seinen Garten
und esse von seinen edlen Früchten.

5. Kapitel

Die Freundin hört die Stimme des Freundes, klagt über die Trennung von ihm und rühmt seine Schöne.

1 Ich bin gekommen, meine Schwester, liebe Braut, in meinen Garten. Ich habe meine Myrrhe samt meinen Würzen abgebrochen; ich habe meinen Seim samt meinem Honig gegessen; ich habe meinen Wein samt meiner Milch getrunken. Eßt, meine Lieben, und trinkt, meine Freunde, und werdet trunken!

2 Ich schlafe, aber mein Herz wacht. Da ist die Stimme meines Freundes, der anklopft: Tue mir auf, liebe Freundin, meine Schwester, meine

Taube, meine Fromme! denn mein Haupt ist voll Tau und meine Locken voll Nachttropfen.

3 Ich habe meinen Rock ausgezogen, wie soll ich ihn wieder anziehen? Ich habe meine Füße gewaschen, wie soll ich sie wieder besudeln?

4 Aber mein Freund steckte seine Hand durchs Riegelloch, und mein Innerstes erzitterte davor.

5 Da stand ich auf, daß ich meinem Freund auftäte; meine Hände troffen von Myrrhe und meine Finger von fließender Myrrhe an dem Riegel am Schloß.

6 Und da ich meinem Freund aufgetan hatte, war er weg und hingegangen. Meine Seele war außer sich, als er redete. Ich suchte ihn, aber ich fand ihn nicht; ich rief, aber er antwortete mir nicht.

7 Es fanden mich die Hüter, die in der Stadt umgehen; die schlugen mich wund; die Hüter auf der Mauer nahmen mir meinen Schleier.

8 Ich beschwöre euch, ihr Töchter Jerusalems, findet ihr meinen Freund, so sagt ihm, daß ich vor Liebe krank liege.

9 Was ist dein Freund vor andern Freunden, o du schönste unter den Weibern? Was ist dein Freund vor andern Freunden, daß du uns so beschworen hast?

10 Mein Freund ist weiß und rot, auserkoren unter vielen Tausenden.

11 Sein Haupt ist das feinste Gold. Seine Locken sind kraus, schwarz wie ein Rabe.

12 Seine Augen sind wie Augen der Tauben an den Wasserbächen, mit Milch gewaschen und stehen in Fülle.

13 Seine Backen sind wie Würzgärtlein, da Balsamkräuter wachsen. Seine Lippen sind wie Rosen, die von fließender Myrrhe triefen.

14 Seine Hände sind wie goldene Ringe, voll Türkise. Sein Leib ist wie reines Elfenbein, mit Saphiren

geschmückt.

15 Seine Beine sind wie Marmelsäulen, gegründet auf goldenen Füßen. Seine Gestalt ist wie Libanon, auserwählt wie Zedern.

16 Seine Kehle ist süß, und er ist ganz lieblich. Ein solcher ist mein Freund; mein Freund ist ein solcher, ihr Töchter Jerusalems!

6. Kapitel

Freude der Wiedervereinigung.

1 Wo ist denn dein Freund hin gegangen, o du schönste unter den Weibern? Wo hat sich dein Freund hin gewandt? So wollen wir mit dir ihn suchen.

2 Mein Freund ist hinabgegangen in seinen Garten, zu den Würzgärtlein, daß er weide in den Gärten und Rosen breche.

3 Mein Freund ist mein, und ich bin sein, der unter den Rosen weidet.

4 Du bist schön, meine Freundin, wie Thirza, lieblich wie Jerusalem, schrecklich wie Heerscharen.

5 Wende deine Augen von mir; denn

sie verwirren mich. Deine Haare sind wie eine Herde Ziegen, die am Berge Gilead herab gelagert sind.

6 Deine Zähne sind wie eine Herde Schafe, die aus der Schwemme kommen, die allzumal Zwillinge haben, und es fehlt keiner unter ihnen.

7 Deine Wangen sind wie ein Ritz am Granatapfel zwischen deinen Zöpfen.

8 Sechzig sind der Königinnen und achtzig der Kebsweiber, und der Jungfrauen ist keine Zahl.

9 Aber eine ist meine Taube, meine Fromme, eine ist ihrer Mutter die Liebste und die Auserwählte ihrer Mutter. Da sie die Töchter sahen, priesen sie dieselbe selig; die Königinnen und Kebsweiber lobten sie.

10 Wer ist, die hervorbricht wie die Morgenröte, schön wie der Mond, auserwählt wie die Sonne, schrecklich wie Heerscharen?

11 Ich bin hinab in den Nußgarten gegangen, zu schauen die Sträuchlein

am Bach, zu schauen, ob die Granatbäume blühten.

12 Ich wußte nicht, daß meine Seele mich gesetzt hatte zu den Wagen Ammi-Nadibs.

13 Kehre wieder, kehre wieder, o Sulamith! kehre wieder, kehre wieder, daß wir dich schauen! Was sehet ihr an Sulamith? Den Reigen zu Mahanaim.

7. Kapitel

Wechselgespräch des Freundes und der Freundin.

1 Wie schön ist dein Gang in den Schuhen, du Fürstentochter! Deine Lenden stehen gleich aneinander wie zwei Spangen, die des Meisters Hand gemacht hat.

2 Dein Schoß ist wie ein runder Becher, dem nimmer Getränk mangelt. Dein Leib ist wie ein Weizenhaufen, umsteckt mit Rosen.

3 Deine zwei Brüste sind wie zwei Rehzwillinge.

4 Dein Hals ist wie ein elfenbeinerner Turm. Deine Augen sind wie die Teiche zu Hesbon am Tor

Bathrabbims. Deine Nase ist wie der Turm auf dem Libanon, der gen Damaskus sieht.

5 Dein Haupt steht auf dir wie der Karmel. Das Haar auf deinem Haupt ist wie der Purpur des Königs, in Falten gebunden.

6 Wie schön und wie lieblich bist du, du Liebe voller Wonne!

7 Dein Wuchs ist hoch wie ein Palmbaum und deine Brüste gleich den Weintrauben.

8 Ich sprach: Ich muß auf dem Palmbaum steigen und seine Zweige ergreifen. Laß deine Brüste sein wie Trauben am Weinstock und deiner Nase Duft wie Äpfel

9 und deinen Gaumen wie guter Wein, der meinem Freunde glatt eingeht und der Schläfer Lippen reden macht.

10 Mein Freund ist mein, und nach mir steht sein Verlangen.

11 Komm, mein Freund, laß uns aufs Feld hinausgehen und auf den Dörfern

bleiben,

12 daß wir früh aufstehen zu den Weinbergen, daß wir sehen, ob der Weinstock sprosse und seine Blüten aufgehen, ob die Granatbäume blühen; da will ich dir meine Liebe geben.

13 Die Lilien geben den Geruch, und über unsrer Tür sind allerlei edle Früchte. Mein Freund, ich habe dir beide, heurige und vorjährige, behalten.

8. Kapitel

Die Treue der für immer Vereinten.

1 O, daß du mir gleich einem Bruder wärest, der meiner Mutter Brüste gesogen! Fände ich dich draußen, so wollte ich dich küssen, und niemand dürfte mich höhnen!

2 Ich wollte dich führen und in meiner Mutter Haus bringen, da du mich lehren solltest; da wollte ich dich tränken mit gewürztem Wein und mit dem Most meiner Granatäpfel.

3 Seine Linke liegt unter meinem Haupt, und seine Rechte herzt mich.

4 Ich beschwöre euch, Töchter Jerusalems, daß ihr meine Liebe nicht aufweckt noch regt, bis es ihr selbst

gefällt.

5 Wer ist die, die heraufsteigt von der Wüste und lehnt sich auf ihren Freund? Unter dem Apfelbaum weckte ich dich; da ist dein genesen deine Mutter, da ist dein genesen, die dich geboren hat.

6 Setze mich wie ein Siegel auf dein Herz und wie ein Siegel auf deinen Arm. Denn Liebe ist stark wie der Tod, und ihr Eifer ist fest wie die Hölle. Ihre Glut ist feurig und eine Flamme des HERRN,

7 daß auch viele Wasser nicht mögen die Liebe auslöschen noch die Ströme sie ertränken. Wenn einer alles Gut in seinem Hause um die Liebe geben wollte, so gölte es alles nichts.

8 Unsere Schwester ist klein und hat keine Brüste. Was sollen wir unsrer Schwester tun, wenn man nun um sie werben wird?

9 Ist sie eine Mauer, so wollen wir ein silbernes Bollwerk darauf bauen. Ist sie eine Tür, so wollen wir sie festigen

mit Zedernbohlen.

10 Ich bin eine Mauer und meine Brüste sind wie Türme. Da bin ich geworden vor seinen Augen, als die Frieden findet.

11 Salomo hat einen Weinberg zu Baal-Hamon. Er gab den Weinberg den Hütern, daß ein jeglicher für seine Früchte brächte tausend Silberlinge.

12 Mein eigener Weinberg ist vor mir. Dir, Salomo, gebühren tausend, aber zweihundert den Hütern seiner Früchte.

13 Die du wohnst in den Gärten, laß mich deine Stimme hören; die Genossen merken darauf.

14 Flieh, mein Freund, und sei gleich einem Reh oder jungen Hirsch auf den Würzbergen!